Poemas
A puño y letra
Enzzo Vargiu

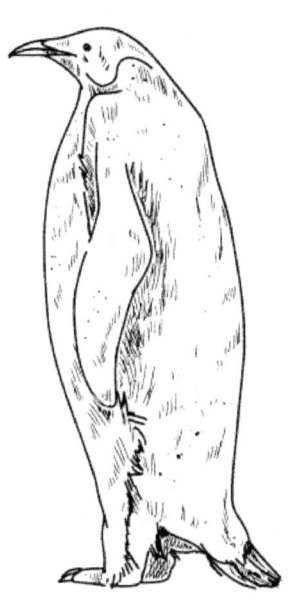

Dedicatoria
Prólogo

No escribí esto para el mundo, lo escribí para mí y para vosotros que hoy leéis esto, que me habéis animado a superar mis miedos, para aquellos que les gusta leer el amor aunque sea de otros.

Entonces: a mis miedos, a los paisajes, a los amigos, a los amores, al corazón que llevo roto, a mis ansias de andar, a mis ganas de volar, a mi soledad, a mi elástica realidad, a mis mentiras, a mis verdades, a esas benditas casualidades, a cada uno de los días especiales.
A los días mierda.
A los atardeceres que he disfrutado,
A cada alba que me ha inspirado,
A mi flácida y desnutrida oración.
A tantas canciones y conversaciones, en especial a cada uno de mis dolores.
Aquí me desnudo, aquí conoceréis mis torturas y lamentos, amores sin remordimiento.

Recuerdos tatuados, amores del pasado, sentimientos puros, miedos insanos, verdades hermosas, de un ser humano lastrado, por sus vivencias conquistado,
De las cosas más hermosas consagrado.

Un hombre en paz con su pasado, un corazón inquieto, un cuenco rebosado.

Mi perspectiva expectante, muchacho escandalizante, de alma andante, mirada penetrante, escrúpulo titubeante, corazón errante y diestra pujante.

Todo esto escrito desde el más imperfecto amor y puro anhelo que un Dios bueno eternamente infinito me regaló, a Él también.

Encontradme en cada verso, conocedme en cada uno de ellos, encontraos a vosotros mismos, haced vuestros cada uno de estos.

Enzzo Vargiu

Quiéreme

No te exijo que me quieras,
No te pido que me quieras,
Pero si quieres hacerlo,
Hazlo,
Si te sale hacerlo,
Hazlo,
No lo mates,
No te engañes,
¡Hazlo!
Quiéreme,
Quiéreme como si fuera tu primera vez,
Quiéreme y no tengas miedo,
Quiéreme hasta tu vejez,
Quiéreme con tu querer dulcedo,
Quiéreme con sencillez,
La mies es abundante en nuestro viñedo,
Cierra los ojos esta vez,
Saltemos juntos al vuelo,
Vivámoslo con madurez,
Toquemos juntos el cielo,
No iremos con rapidez,
Prometo con verdad un amor sin duelo,
Fíate con validez,
Quiéreme con anhelo,
Quiéreme de una vez.

Recortes

Tenemos pendiente conocernos,
Dejando atrás gobiernos subalternos,
Lo que daría por vernos, por hacernos, mientras tanto rayo
mil cuadernos.
Ponernos y detenernos,
Habernos hoy es un infierno.
Sin ti no quiero más inviernos
y no parar de movernos, el uno al otro ofrecernos.
Nunca parar de sorprendernos,
olernos, traernos al enriquecernos.
Entre sábanas escondernos, sostenernos, de lo que quisiera
entorpecernos.
De boca a boca comernos, querernos, gritarlo juntos,
tenernos.
Dejar de sustraernos, oponernos, desenjaularnos,
atrevernos.
Que podamos concedernos, devolvernos lo que gritan
nuestros ojos al vernos.
El deseo de sabernos, conmovernos, todas las dudas
respondernos.
Caminar juntos, desentendernos, envolvernos,
nuestros pasos proveernos.
Cada mañana ver tus ojos tiernos, leernos, el alma
acogernos.
Al fin dejar de abstenernos, contenernos,
infinitamente eternos.

Acompañarte

¿De dónde vienen estas ganas de abrazarte, de estrujarte?
¿De acompañarte libremente y nunca lastimarte?
Ver tus ojos cada mañana, abrir contigo cada ventana,
Por si alguna puerta quisiera cerrarse,
En el silencio escuchar juntos a las almohadas,
Que nos cuenten los secretos bajo abrazos de lana,
¿Qué idílico no?...
¿De dónde viene extrañarte?
¿Querer besarte?
Acompañarte a hacer café cuando te levantes,
Acompañarte a buscarte hasta encontrarte,
¿De dónde viene buscarte?
Esperando que me encuentres y hasta que quieras...
acompañarte.

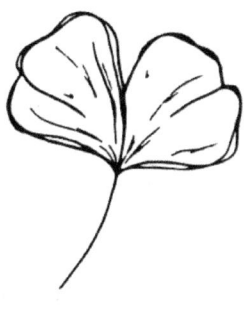
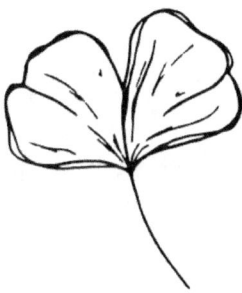

Ágape

Oigo una voz que me dice, "ya está, ándate, pírate".
Luego me viene a la imaginación tu dulce voz diciendo,
"quédate, espérame."
Lo pienso, me torturo, me autoflagelo,
No quiero dejar de pensar en verte con el velo.
Algo me dice, "hazlo ya, sal corriendo,
no esperes a quedarte frío de nuevo,
no quiero levantarme sin el olor de tu pelo."
Dejar atrás al corazón, correr y no voltear a verlo,
en él viven tú y ella, felices, ya sin duelo.
Voy cayendo lentamente a quemarme con el fuego,
Quémame o abrázame deteniendo mi vuelo,
En tus brazos este hombre no tocaría nunca el suelo.
Todo pasa por mi mente en un mundo paralelo,
Recordando y anhelando tu voz de terciopelo,
Si te sé en otros brazos me pierdo por celo.
No lastimes, no rasgues el velo,
Tú y yo juntos cada día tocaríamos el cielo.

Café

Que llueva café por las mañanas.
Que lluevan tus besos cada momento.
Que llueva café, que lluevan tus besos
que demos paz a este tormento,
los días sin ti pasan muy lento.
El corazón a mil por la cafeína,
en realidad, por ti, limerente querubina,
un pensar que deambula de esquina a esquina,
una presencia mezquina que a un amor confina.
Sentimiento que germina, un presente se aproxima,
el pasado vaticina heridas citadinas.
Amor sin espinas, besos golosina, abrazos con morfina, oído aspirina,
corazón cantina.

El té

No me bebas al primer sorbo,
aguarda esas ganas,
repósame,
deja que descargue mis colores,
que impregne el aire con mis olores,
repósame el tiempo necesario para soltar mis dulzores.
Decanta al primer trago mis sabores,
piérdete en mis dulces y amargos,
cítricos y frutos del campo.
Observa mis colores de nuevo,
¿notas que intenso me he vuelto?
Si tengo sabores que no sean de tu agrado,
endúlzame con tus delicadas manos,
bebe un sorbo de nuevo,
quiero volver a sentir tus labios,
degusta con paciencia lo que hemos creado, que no quede ni una gota de mí. Que todo sea tomado…

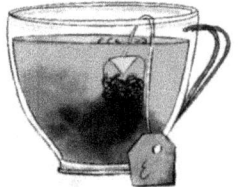

Grítame

Grítame,
me gritas, a mí me encanta,
¡Grítame!
Que los dos podamos gritar,
espero hacerte gritar, de emoción, de furor,
que grites lo feliz que eres,
que grites lo que quieras, lo que no.
Mientras me gritas hoy,
¡Grítame!
Yo, te escribo en silencio lo que un día te diré a los cuatro vientos.
Yo te escribo en silencio mi tormento que es no poder gritar a los vientos, esto que siento en mis adentros.
Te escribo en silencio, te miro en silencio,
iremos poco a poco abrazados sintiendo el viento.
Grítame, no pares,
volemos, gritemos,
sintamos el viento.

Madrid

Lo más bonito eres tú y tus calles,
tus caminos,
que me llenan de alegría con cerveza y vino,
lo más bonito eres tú y tus atardeceres,
que suspirar a diario me hicieres,
lo más bonito eres tú y tu gente de conformidad
insuficiente,
ciudad eterna nunca mueres,
Madrid viviente, latente,
ser tuyo sin gatos ojos, noches y despojos.
Guitarreo y canto, canto y guitarreo.
A tus tardes largas de verano,
a tus besos en los portales,
a tus tapeos en varios bares,
como oso en un madroño embriagarme de ti quiero,
merengues y colchoneros,
en Cibeles te quiero,
odiar a un blaugrana es lo primero.
Sentimiento heredero que, desde marzo es torero,
en abril aguas mil,
en mayo no te quites el sayo,
claveles rojos, boinas y chotis.
Del frío al calor en un pispás,
en primavera ver tus almendros,
vivir día a día en tu vida de cuentos,
Madrid, de mis encantos, cuna de santos,
Madrid, si te dejo me quebranto,

A veces no te aguanto y en mi corazón, entretanto, nunca
pensé amarte tanto.

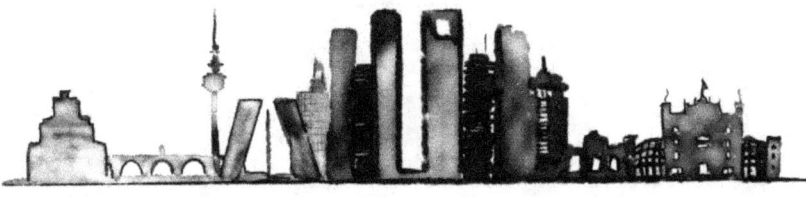

Creación

Que te vea el sol y sepa cómo se brilla,
Que te vea el mar y conozca la inmensidad,
Que te vea la luna y conozca el puro blanco,
Que te vea un volcán y sepa que es una erupción,
Que te vea la cascada más alta y conozca la belleza,
Que te vean las estrellas y aprendan a ser luz,
Que te vea una tormenta y conozca la paz,
Que te vea toda la creación y vean lo que veo yo.
Mujer volcán pura y blanca, inmensa,
Mujer luz y grandiosa,
Mi corazón por ti rebosa,
Solo a tu vera amorosa, mi alma en paz goza.

Clavelito

Loco de amor, clavelito blanco,
te plantaste en mi corazón,
te regaré ternura, esperanza y amor
reservando todo mi amor para cuando florezcas,
te plantaré en Florencia, junto a las hortensias,
te tendré paciencia,
sí, paciencia,
sabré esperarte y cuando tus flores obtengas,
también mis frutos tendré yo,
clavelito, clavel blanco,
te plantaste en mi corazón.

Aún no es nuestro tiempo,
me has dejado una ilusión,
un anhelo puro y blanco,
como eres tú,
clavelito clavel blanco,
te plantaste en mi corazón.

Miedo

Bendito miedo que un día me "salvaste"
enamorándome y mintiéndome que en ti podía refugiarme,
Amor-odio contigo miedo desvalido,
dueño de un corazón restringido.
Maldito miedo limitante,
valentía militante.
De valientes eres abrigo,
lo que te ha hecho tan engreído,
si ayer te hubiese sabido...
Hoy denuedo indefinido,
ya mi corazón no es tu nido.
Te he sacado de mi cabeza,
seré capaz de vencerte con valentía y destreza.
Ahora serás tú mi esclavo y una vez enjaulado,
te arrepentirás de haberme "salvado".

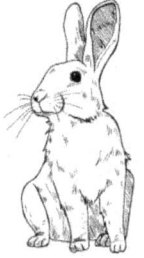

Dulce milagro

Noticia penumbra cuando no lo esperabas,
sonrisa por llanto esta tarde cambiaba,
sin saber que nos aguardaba,
esa espera profunda noticia desesperanzada,
que a ti y a mi padre el alma despedazaba.
Olor a rosas y ovejas vuestra mente turbada no era capaz
de sentir aquella mañana lastrada...
Era el regalo más grande que tu adentro esperaba.
Días más tarde una mañana inspirada,
portando la fe una rodilla inclinaba,
"sálvalo a él" mi ángel clamaba,
"enférmame a mí", lloraba desesperada.
Y ¿cómo se resistiría mi pastora amada?
a una madre de rodillas con su alma despedazada
por aquella noticia que su alma rajaba,
"tu vientre florezca mi hija amada",
dijo entonces la pastora, mi virgencita adorada,
rosas y más rosas llenaron tu mirada
y a la vez siguiente en tu barriga revoloteaba,
un crío sano que inmediatamente cambiaba,
tus llantos a sonrisas mi madre amada.
Mi primer regalo fue tener el alma encomendada,
a una virgen pastora divinamente arraigada,
a mi pueblo y a su gente de almas almidonadas,
Madre, madres, que desde el vientre la fe me daba,
a vosotras en amor ninguno gana,
que sepa todo el mundo una gracia regalada,
con envoltorio de milagro a una madre desesperada,
le dio un hijo ahora poeta y nueva vida a su hija Ana.
Que con una lágrima rota a su virgen clamaba
y en aquel diálogo de madres a su hijo sanaban.

¡Benditas sean madres!
la vida entera ganada,
en mi alma mente y corazón las tendré siempre tatuadas,
Dios te bendiga siempre a mi madre dulce ángel,
bendita seas siempre mi pastora amada,
a vosotras este "poeta" tendrá eternamente el alma donada.

La pasión.

Deja que nos mate, que nos queme,
¿Mi peor defecto o mi mayor virtud?
No lo sé,
sin duda mi compañera aventurera,
a veces mala, a veces buena,
a veces sensata, a veces no,
a veces amable, siempre inefable,
a veces era, a veces no era,
pero siempre mi compañera.
Esa pasión galopante,
de mi corazón dominante,
que ante muchas decisiones tomaste,
a la razón de rehén y aún no la soltaste,
pasión compañera,
preciosa y altanera,
atenta camarera,
de mis gustos eres experta,
habitante de mis venas,
te has casado conmigo declarándote,
mi compañera.

La vida

A la vida le encanta hacer chistes,
Jugarte una broma,
Un humor muy negro tiene la vida,
¿Te acuerdas cuando me presentaste a la persona indicada en el momento incorrecto?
Y te descojonabas...
Todavía recuerdo tu risa malvada.
Me sentí como cuando está ese niño más grande y fuerte que arremete contra el más débil y lo destruye haciéndolo polvo...
Era yo el más débil obvio.

Soledad

No vives en soledad,
con uno solo te basta para acabar con tu mentira.
Soledad para valientes, para cobardes,
no existes soledad no estás sola nunca.
Soledad, silenciosa y para muchos ruidosa,
dejaste un hueco en mi alma cuando te fuiste estrepitosa,
soledad viciosa,
compañera misteriosa,
a unos vuelves fuertes, al que no destrozas,
permíteme sobrevivir en tu espalda esponjosa,
disfrutar del perfil que luce tu cara hermosa,
acudir a ti siempre ventajosa,
de tanto que te saboreo que me sabes cariñosa,
soledad amiga, esposa,
soledad espinosa,
permíteme ser osado y como poeta desenmascarado
dejar tu secreto desvelado,
solo haces sentir solo al que te tiene a su lado,
no se preocupe usted sola no se ha quedado,
aquí me tendrás cada vez que quieras soy tu peón amado.

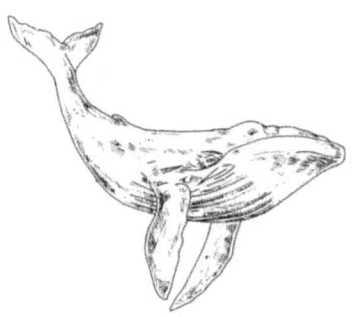

Mujer

Mujer que has venido con el alma lastimada,
por la ácida y torva vida pasada,
cura en el silencio tu alma golpeada,
ama tu adentro,
vuelve despreocupada,
bendice tu paréntesis de soledad,
olvida que conoces la saciedad,
sana con verdad,
torna tu dulzura que durmió la ciudad,
surja la guerrera,
que tema tu taciturnidad,
no hay miedo que te venza,
descubre tu libertad,
con la miel de tu mirada,
rebasa tu cuenco de bondad.

Mátame

Mátame, te pedía.
Mátame, me decías.
No nos matamos, nos morimos de miedo.
Ante tus miedos, espero,
ante los míos, procedo.
Que a la vuelta matemos los miedos,
para morirnos con ellos.

Tanto

Tanto que tenemos,
tanto de estar inquieto,
tanto que más tarde hay que reposar,
tanto que desperdiciamos la hora presente y nos contentamos solo con soñar.
Tanto que vivo acosado por el ansia inmensa de andar.

Ego

Nunca insisto,
nunca lo he hecho,
me quiero mucho quizás,
mi orgullo es muy grande también,
siempre corrí, nunca me quedé,
nunca supe como terminaría
si tan solo una vez insistiría,
pero nunca insisto,
no sé insistir,
quizás es mucho para mí,
no para ti,
no me malinterpretes.
No me fío del "si me quiere que insista, que me busque"
los vacíos no se llenan con más ego, con embuste.
Si tan solo alguna vez hubiera intentado
y dejarle más heridas a este corazón rasgado
seguramente no estuviera desolado,
seguramente mal acompañado,
donde hay muchas excusas,
hay interés desgastado,
peligrosa ecuación para corazones maltratados,
nunca insistí, ni una sola vez,
ni una ni mil, ni dos, ni tres,
ni lo volveré a hacer.

Happiness is when you really feel good with somebody...
  (Love and happiness – Al Green.)

Justicia

Que se acabe la soledad,
y que empiece la justicia,
que la luna entera, brilla.
Como tus ojos doble luna me miran y me asfixian,
como tu boca suave, rosa,
a mi corazón vuelve idiota,
como tu presencia a mi vida alborota,
y como tu pensamiento en mi mente de calle a calle rebota.
Lunita, lunera hermosa,
te conjuro cada noche de manera religiosa,
besar sus labios color rosa,
mi lunita, tú que miras cada noche silenciosa,
que nos mires la siguiente estando orgullosa,
porque se acabó la soledad y comenzó la justicia,
a tu luz que no paren las caricias,
los besos, los abrazos, las miradas sin malicia,
se acabó la soledad. Empezó la justicia.

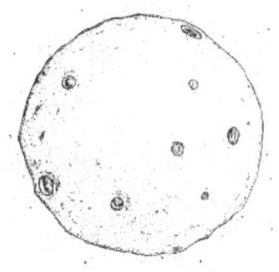

Resistí

Me resistí resistente aquella noche al verte,
Me resistí resistente ante tus ojos conscientes de que me moría por verte,
Me resistí resistente a escaparnos ausentes,
Me resistí resistente a un sentimiento creciente,
Te resististe duramente,
Me resistí resistente a tu sonrisa proveniente,
Me resistí resistente a mi corazón delincuente,
Me resistí resistente a tu desprecio indiferente,
Te resististe resistente a mi brazo insistente,
Me resistí resistente a saber de ti al día siguiente,
Me resistí resistente,
Nos resistimos mutuamente,
Me resisto resistente a este jodido presente.

Pragma

Cual Adán inconforme,
con todas sus costillas,
perdóname si un día me descuido,
si no te recuerdo el amor del pan que no es de trigo,
ese fiel abrigo,
que entre sus manos nos dará cobijo,
del que quema sin quemar,
del que te hace sentir vivo,
por ti y contigo atravieso el desierto,
amor puro, tuyo y nuestro,
y como si la gracia ya nos hubiera cubierto,
caminaremos, no obviaremos desaciertos,
alforjas cargadas de nuestro divino sustento,
será lo que nos nutra cuando nos falte el aliento,
y si un día el caminar se convierte en tormento,
no olvidemos las alforjas del sagrado sustento.

Montaña rusa

Me dispuse a saber de ti
y pa una vez que lo hago igual y perdí,
vaya tomatazo que me he llevao,
cual payaso en un circo malo,
abucheado por su público,
Maltratado por el bullicio.
Aunque he estado a punto de arrancarte,
de sacarte de mi mente, corazón y sentidos,
no he querido,
te sigo dejando la puerta abierta,
me encanta que te pasees por mi cabeza,
haciéndote la intrusa, que formes parte de esta montaña rusa.

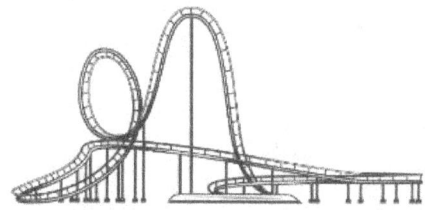

Sin más... ni menos

Sin más sin menos
cada día tiene sus propios terrenos
es imposible frenar los truenos
tanto como vivir sueños ajenos
nunca me he agobiado por días llenos
todo lo contrario, me siento pleno
a los mares agitados pensamientos serenos,
a mal tiempo buena cara, sacúdete los venenos
sin más ni menos
en el espejo nos vemos
no le des razones al mentiroso reflejo
que resalta tus defectos y tus virtudes de lejos
los defectos aceptemos, tanto lo malo como lo bueno,
así tal cual,
sin más... ni menos.

¿Quién siendo feliz odia?
 ...

Te quiero

Te quiero sin que lo sepas,
no pasa nada, incluso ni yo lo sabía,
a pesar de la jodida realidad de saberte lejana,
de la putada de no poder estar presente,
de ser ausentes...
Te quiero a pesar de eso,
te quiero sin medidas, te quiero querer más
más allá de los miedos, del pasado,
de las heridas que nos han desgastado,
te quiero de corazón, de corazón rajado.
Me tienes el sueño nublado, el pecho acelerado, el pensar anclado.
Te quiero dar un te quiero desmesurado,
al que no te han acostumbrado,
sin encajar, sin ser perfecto.
Te pienso y te escribo, te sueño y despierto,
¿Cuándo se acabará este tormento?
Te beso sin besarte, te toco sin tocarte
noches eternas de pensarte.
¿Acaso esto no es amor?
Amor real sin poder tocar, sin poder besar...
Amor sin más, sin necesidad,
amor sincero, con libertad...

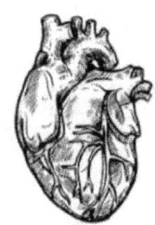

Prisión

Mientras era preso,
preso de mis prisiones de mis pasiones,
solo escuchaba a un mar de gente gritando opiniones,
algunas buenas, otras eran temores,
a las buenas era inmune,
para mi ego eran comunes,
por ser benevolente, hasta insuficientes,
por el contrario, opiniones no tan buenas,
las que me provocaban ardores,
opiniones falsas, verdades, adicciones,
que quería creerme sin titubear,
todo por el simple hecho de encajar,
la perfección aparentar,
del respeto humano disfrutar,
con la bella excusa de querer ser un humano respetado,
por otro humano claro,
recuerdo no saber dónde estaba,
pero, también recuerdo que en mi jaula había una lápida
que rezaba:
"opinión ajena"

Amado

Lo que quiero ahora es la paz,
la libertad en mi corazón,
sentirme amado y amar,
estar pleno y saciado,
sí fuere por mi saciador,
que plenitud y paz me ha dado,
desde el momento que me ha pensado,
no es sino por un corazón atado
unos ojos desconcentrados
que dicha plenitud no he alcanzado
lo sé, por el aguijón de mi pasado
que a días me ha torturado
y la paz me ha quitado
y yo cual varón maniatado
por mi saciador liberado
decidí cantar la paz al aguijón envenenado
secando brechas y ahora ya apaciguado
el corazón serenado por una gracia alcanzado
tesoro infravalorado.
El peor de mis pecados
dar por sentado ese regalo donado.
Lucha constante a un corazón errante
de coraza "impenetrable"
que mi saciador rompió.
Lucha admirable de un *Amor* indudable
y todo aquello que parecía irreparable
reparó, sanó y lloró esta vez consolado,
porque ahora sí soy quien ama y es amado.

Alegraos

Y si algún día muero
quedaos tranquilos
no exageréis
recordad que he pasado una vida entera de encanto
al servicio de un Dios generoso
una vida llena de gozo
y de las cosas que más he querido es encontrarme con Él,
así que, si ha llegado mi hora de partir, de ir a verle,
¡alegraos por mí!
Ya se ha terminado y felizmente viví.
Ahora sí que nada me ata, ahora sí soy eternamente libre,
¡alegraos!
Lo logré, lo alcancé, morí,
daos cuenta de que desde que nacemos estamos muriendo,
es el fin deseoso de este pasaje hermoso al que llamamos
vida, ni eso nos pertenece eternamente, pero si el descanso
y el abrazo divino que nos espera,
alegraos el día que me muera, tened esa confianza de que
ahora iré en camino a abrazarle.

"En el mundo solo hay una tristeza, la de no ser santos"

Jardinero

En la vida siempre veremos el
jardín del vecino más verde, más frondoso,
el nuestro enclenque, horroroso,
y la verdad es que, si de nuestro "feo" jardín morimos culposos,
que ya nos parezca feo es bastante curioso,
no ser capaz de ver todo lo hermoso,
que por suerte o por trabajo no deja de ser valioso,
y si aun regando lo nuestro no nos parece precioso,
adorar el jardín ajeno puede tornarse vicioso,
ojito con tu jardín, de no ser generoso,
que se muera lentamente no sería novedoso,
con cada una de tus plantas debes ser respetuoso,
con unas más que con otras serás un celoso,
con algunas otras un poco más gracioso,
cuida a cada una de los bichos odiosos,
el cuidado de un jardín debe ser minucioso,
no es trabajo angustioso,
luego disfrutarás de los frutos y sombras de un jardín majestuoso,
y no adorarás más el del vecino verdoso...

Eros

Así es la vida ¿no?
Hay quienes están juntos, pero no se aman.
Hay quienes se aman, pero no están juntos,
y de tanto "todo a su tiempo" nos acomodamos y se nos va la vida, el momento, el abrazo, el beso.
Y aun así la vida es hermosa y generosa.
Y como estamos lejos, te pienso para hacer más pequeña la brecha y sentirte cerca, donde nunca te he tenido, cerca...
Mientras pienso, cautivo por la distancia, pienso...
¿Dónde te duele más?
¿Dónde estás más herida?
¿Cuándo eres más insegura?
Y quererte ahí, justo ahí, donde más te duele y quererte bien
Y que sanes con amor y verdad.
Y sentirte cerca, donde nunca te he tenido, cerca...
Lo que tiene estar cerca es que hay abrazos que curan, hay abrazos que aman.
Lo que tiene estar cerca son muchas cosas más...
Lo que tiene la distancia es que puedes amar sin tocar como si me tocaras el alma, como si te tocara el alma, como si nos tocáramos el alma antes que la piel y eso...
Antes de fundirnos abrazados, como metales al fuego, al calor que aún no conocemos, al calor del amor verdadero...
Al calor de un implacable fuego, al fuego de un implacable amor.

*Que **nunca** sobrevaloremos el saber esperar...*

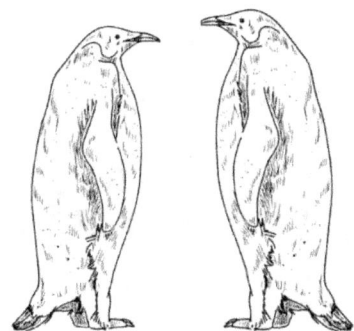

De moda

Está de moda salir de fiesta para olvidar y no disfrutar.
Decir te amo tan rápido como dejar de contestar.
Besar pronto sin querer besar.
Besar sin sentir, por cumplir,
tocar por presión, sin amor, sin libertad.
Hacer lo que "quieres" no importa si te hieres.
Está de moda jugar a no sentir, la guerra de quien tarde más en responder.
Demostrar "fortaleza" desde tu bunker de inseguridades y sesgos sociales.
Ser duro y poco empático dalos por servidos,
¡que ni se te ocurra mostrarte conmovido!
No sea que en esta pasarela de falacias te descubran siendo quien realmente eres.
Está de moda mentir, el *ghosting*, huir…
Más tarde mostrar tus trofeos y reír, de quien se mostró como era, uno con poco estilo, lejos de las modas, desalineado.
Está de moda tener "por si acasos" no sea que te vean desfilar el fracaso.

Contigo

Y estar tranquilo, como si ya no hubiese nada más
y vivir todo lo vivido en una sola vida, contigo,
como si todo lo que he soñado estuviese en un día
comprimido, en una tarde, en una noche, en un amanecer...
En una mirada, la tuya,
en unos labios, los tuyos,
en unos brazos los míos...
Y ¿por qué no? Toda una vida, vivida en un sí.
Y en todo lo bueno de un amor de besos sempiternos
y que no me alcance la vida con tu mirada de manantial,
profunda, que me sacia la sed.
Sembrando el futuro, iluminando todo lo oscuro que algún
día viví.
En tus ojos vi un oasis y la paz,
y vi la ternura y me enamoré de ti, de tus ojos y me sumergí
en ese manantial de tu mirada y luego entendí, que eres
dulce y bien,
que eres amor y paz
y no guerra.

Certeza

Y aunque no tenga certeza de que algún día te vea,
nos juntemos y seamos felices,
son tuyas estas rimas que esconden cicatrices,
estas letras y estas palabras.
Y cuando quieras sentirme cerca léelas.
Ya no son solo mías, sino también tuyas y si nunca
conseguimos estar juntos, ser algo, *"tener"* algo,
ya tenemos este poema que es tuyo y mío como lo que
sentimos.
Y aunque no tenga certeza de que te vea...
Tú podrás leernos cuando quieras...
Tú podrás tenerla cuando me leas.

Igualito

Tú sabes lo que necesito,
mi corazón libre y contrito,
por más que te lo pida a gritos,
tú lo conoces enterito,
tú sabes lo que necesito,
y aunque yo me empeñe y te insisto,
mis anhelos no quedarán huerfanitos,
y es que ¿cómo un amor infinito
puede caber en mí siendo finito?
Tú sabes lo que necesito,
te lo pido igualito...

Vive, no tengas vergüenza.

Destino

¿Existes?
Supongo que sí, estoy hablando contigo,
pero ¿me puedo fiar de ti?
Eso ya será más cosa mía que tuya, supongo...
Digamos que no me fío de ti, no es nada personal, no te lo tomes a mal eh...
No te tengo miedo destino,
te encontraré por mi camino, iré caminando con o sin sentido, cojeando, pero constante.
Mientras más crea que me acerco a ti, quizás más desatino,
¿Tú tienes algo en mí contra?
Pareciera que tienes algún interés en mostrarte adictivo,
como si quisiera saber que te traes entre manos,
y ahora de la nada quisiera volverme adivino para saber que deparas destino.
Me llamas y dando palos de ciego me aproximo, pero ¿de verdad me aproximo?
¿Existes?
Yo mejor ante ti no me inclino, te vuelves cansino, eres egoísta, no sé si me convienes, mejor me marcho y sigo mi camino,
ya no te persigo, no sea que termine desconfiando de un Dios amigo, que me ha dicho: "tranquilo".

Epígrafe de Mario Benedetti

Ud. sabe que puede contar conmigo, no hasta dos o hasta diez, sino contar conmigo. Puede contar conmigo para construir nuestro nido, encontrar lo perdido, reparar lo destruido. Si construyendo, buscando o reparando nos hacemos daño sin motivo, *no alerte sus fusiles, ni piense: ¡Qué delirio!* No olvide Ud. que puede contar conmigo, compañera estos brazos están para prestarle siempre abrigo y si es poco, mis oídos le reservo cada día sin fatigo y si no le basta, no le culpo, soy consciente de mis males y de mis virtudes testigo,
Pero hagamos un trato: yo quisiera contar con usted.
Perdóneme si voy fuerte, no se me asuste, yo sé que no soy su marido y para eso faltaría un rato yo sé lo que le digo.
Sigo, solo que, si yo pudiera contar contigo, no hasta uno, ni tres, no dejaría a este hombre el corazón mendigo, ya ha pasado muchas guerras y en trincheras escondido.
Pero ¿sabes qué pasa? *Es tan lindo saber que Ud. existe, uno se siente vivo,* déjeme ser libre a su lado y a la vez cautivo, de sus ojos, sus caricias y su amor selectivo, si Ud. me llama yo acudiría festivo, lo antes posible y que sepa a *ciencia cierta que usted puede contar conmigo.*

Cazador

Una mañana cualquiera,
se preparan, se encuentran,
una inocencia salvaje, un salvaje con conciencia,
un rifle, unos cartuchos, unos ojos duchos,
se preparan, se afinan mis sentidos, se aceleran mis latidos.
¡Me voy de caza!
Me voy a detener el vuelo del ave que pasa.

No me ve, no me escucha, no se percata de la amenaza,
mucho menos es consciente de la bala que se desplaza,
que segundo a segundo de muerte se disfraza.

Póker ♠ ♦ ♣ ♥

Rincón seguro, con calor de nido,
salvavidas hospitalario, donde un abrazo, un consejo te cura lo solitario.
Palabras, sonrisas, noches gozadas, fiestas, trasnochos, almas pintadas.
Qué bonita una amistad bien llevada,
Siendo libre alcanza la trinchera más privada.
Conscientes y fraternos de una alianza creada,
En la caridad y el amor unas 4 vidas basadas.
Vidas que con el tiempo se verán multiplicadas,
por los frutos del amor y bendiciones regaladas.
¡Benditos sean mis amigos!
Tesoro extraordinario, que nos hace sentir millonarios.
Compañeros del camino, que por muchas lluvias, tormentas o que vayamos a veces descalzos ni el millón más millonario podrá comprarnos un gramo de este tesoro que nos ha regalado Dios.

Enredadera

Estando yo aún en el viejo continente
a kilómetros de ti,
que por muchos que sean no hacen fácil sacarte de mi mente,
no es que quiera y que no pueda, es que ahí quiero mantenerte.
Tus palabras y cariño tal cual ramas fuertes se extendieron
por sobre dos continentes
y mi amor por ti creció tan lozanamente que no tardé en detectar que no era un amor corriente.
Que aún me muero por ti es un hecho evidente y que si por mí fuera saliera corriendo a verte.
Rezo y me ciño como enredadera a la dulce espera.
Rezo y espero, aunque la espera sea severa.
Si la espera es por ti, todo vale la pena.
Sueño con ceñirme a ti igual que una enredadera.

Comunión

Y voy,
voy senda adelante,
con el alma ligera, con un corazón andante,
Haciendo armonía con una melodía errante.
Y voy,
voy con sed y sin agua,
sed de sed, agua de la fuente,
fuente de la que he bebido un trago cándido,
que ni la sed más insaciable puede resistir,
ahora voy,
voy en la misma senda, pero ya parece nueva y recién cortada.
Con el alma ligera y descansada, con un corazón andante y la melodía entonada.
Y voy,
ahora voy con la sed conforme, voy pleno,
voy lleno de libertad ondeante.

Ojalá te veas algún día a través de mis ojos….

                      y te des cuenta…

Presentimiento

Se aproxima el fin del mundo,
vienes tú con esa sonrisa, con ese carisma y esa mirada,
dejando mi alma embelesada,
vienes tranquila y sin prisa,
ganándote espacios, prometiendo sonrisas, ganando terreno.
¿Estará por llegar la tragedia?
Nochecita de lucero, escúchame este ruego
¿Estará por llegar la tragedia o ha de llegar el amor?
Nochecita de lucero, fuera lo que fuera, protege mi corazón.
Vienes tú, no has sido, ni fuiste, ni eres aún.
pero, serás, lo presiento.
Serás paz y bien aproximando al fin del mundo a este loco abstracto sin forma ni fin,
Vienes de tal forma que eclipsas mi razón,
Te alimentas de mí con tu boca caníbal, con tus ojos repletos de almíbar y romance, tierna, dulce y pura dejándome en trance.
Va a pasar algo pronto, algo misterioso y grande.
El perfume que percibo llena el aire de encanto,
¿Nochecita ya enlunada me cuentas tu planteamiento?
A puntito estamos de ese desbordamiento
de todo lo que somos y hemos hecho,
de ofrecer un nuevo y último sonar en el pecho,
y como una gran campana sonará satisfecho.

Primavera

No soy capaz de pensarte y no sonreír.
Imposible pensarte y no sentir...
Tú, primavera labradora, eres todo lo que mi alma añora,
no hay nada hermoso y bello donde tú no estés,
donde te vea y no me desconcentre,
si son aves viajeras, te veo libre y serena,
tú, primavera, que a mi vida traes el sol, esperanza y resplandor.
Primavera labradora, recibe bien mi amor.
Con tus flores y tu perfume que parezca nuevo mi mundo,
con tu cielo azul celeste, despejas mi todo al verte.
Haz que tus lirios de terciopelo se planten por todos lados,
adornando todo aquello que sin ti está desordenado,
ábreme surcos para plantar tu don.
Primavera labradora, recibe bien mi amor.

*Conocí a una persona que me encantó,
Atte.: yo...*

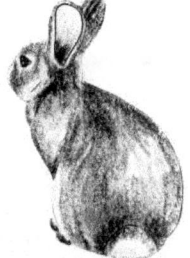

www.ingramcontent.com/pod-product-compliance
Lightning Source LLC
Chambersburg PA
CBHW071122240526
45465CB00022B/771